Julia Klein

# Globalisierung & Energiepolitik in China

## Gibt es eine völlige Abkehr der umweltschädlichen fossilen Brennstoffe und welche Rolle spielen erneuerbare Energien?

GRIN Verlag

**Bibliografische Information der Deutschen Nationalbibliothek:**

Die Deutsche Bibliothek verzeichnet diese Publikation in der Deutschen National-
bibliografie; detaillierte bibliografische Daten sind im Internet über http://dnb.d-
nb.de/ abrufbar.

**Impressum:**

Copyright © 2014 GRIN Verlag GmbH
Druck und Bindung: Books on Demand GmbH, Norderstedt Germany
ISBN: 978-3-656-67463-4

**Dieses Buch bei GRIN:**

http://www.grin.com/de/e-book/274496/globalisierung-energiepolitik-in-china

**GRIN - Your knowledge has value**

Der GRIN Verlag publiziert seit 1998 wissenschaftliche Arbeiten von Studenten, Hochschullehrern und anderen Akademikern als eBook und gedrucktes Buch. Die Verlagswebsite www.grin.com ist die ideale Plattform zur Veröffentlichung von Hausarbeiten, Abschlussarbeiten, wissenschaftlichen Aufsätzen, Dissertationen und Fachbüchern.

Gymnasium Munster

Schuljahr: 2013/14

Abiturjahrgang: 2015

# Facharbeit

im Seminarfach B

## Thema: Die Globalisierung und Energiepolitik in China:
Gibt es eine völlige Abkehr der umweltschädlichen fossilen
Brennstoffe und welche Rolle spielen erneuerbare Energien?

**Verfasser:** Julia Klein

—————————————————

Unterschrift der Schülerin

**Abgabetermin:** 24.03.2014

Punktzahl: _____

Note: _____

—————————————————

Unterschrift des Kursleiters

# Inhaltsverzeichnis

# 1 Einleitung

Das Oberthema „Nachhaltigkeit in Schwellenländern" bietet eine Vielzahl an unterschiedlichen Themenperspektiven und Inhalten. Da man Ökonomie und Ökologie in Zeiten der Globalisierung kaum trennen kann, entschied ich mich diese beiden Aspekte anhand von China zu untersuchen. China ist in Zeiten der Globalisierung eines der Länder mit dem größten wirtschaftlichen Aufschwung und ein wirtschaftlicher Gewinner. Gerade durch seinen Wirtschaftswachstum und der steigenden Energienachfrage ist ein Umdenken der Energiepolitik von großer Bedeutung. Zunächst erläutere ich die Begrifflichkeit der Globalisierung und die daraus entstandenen neuen Herausforderungen. Anschließend werde ich die Globalisierung in China und seine Umwelt untersuchen, die durch die chinesische Industrialisierung in Mitleidenschaft gezogen wurde. Meinen Schwerpunkt werde ich auf die Energiepolitik legen. Während Kohle und andere fossile Brennstoffe wesentliche Rohstoffe für die Energiewirtschaft in China sind, untersuche ich die aufstrebenden erneuerbaren Energien, welche Rolle diese für die Volksrepublik China spielen und inwieweit die Zielsetzung Chinas Umwelt und Energiepolitik involviert.

# 2 Was ist Globalisierung?

Globalisierung wurde im Laufe der Zeit zu einem alltäglichen Begriff. Man hört ihn im Radio, in den Fernsehnachrichten oder man liest ihn in der Zeitung. Doch wie kann man „Globalisierung" genau definieren? Die Globalisierung ist ein Prozess, in dem Beziehungen auf einer ökonomischen, sozialen und politischen Basis international vernetzt werden. Diese Auflösung der Grenzen von Nationalstaaten führt zu einem Weltbinnenmarkt und einer gemeinsamen Weltwirtschaft (vgl. Goll 2011, S.104). Globale Märkte sollen wirtschaftlich betrachtet auf schnellstem Weg zusammenwachsen und so einen Wirtschaftswachstum und „zukünftigen Wohlstand in Industrie- und Entwicklungsländern" fördern (vgl. Eggert u.a. 2005, S.524). Des Weiteren besitzt Globalisierung sowohl eine räumliche als auch zeitliche Dimension. Lokale, nationale und globale Grenzen werden überwunden, was den Handel für Unternehmen attraktiver macht. In kurzer Zeit werden Informationen, Geld, Güter und Menschen um die Welt transportiert. So wirken sich Aktivitäten und Entscheidungen auf der einen Seite der Erde schnell auf das alltägliche Leben auf der Anderen aus. In der Globalisierung auftretende

„wirtschaftliche, politische oder soziale Entwicklungen, Bevölkerungswachstum, Umwelthandel und techno-logische Innovationsprozesse" bilden einen Raum, der Grundlage für das Handeln von Unternehmen, Einzelpersonen, Organisationen und Staaten ist (vgl. Messner 2009, S.104).

## 2.1 Die Ursachen

5 Die Ursachen der Globalisierung sind weitreichend und in vielen verschiedenen Bereichen zu finden. Zunächst sind innerhalb der Ökonomie die Vereinfachung der Güter- und Faktormärkte und der Abbau von Handelshürden wesentliche Anlässe für die Globalisierung. Um für ihre Produktion so gut es geht Kosten einzusparen, nutzen Unternehmen immer neuere Kommunikations-technologien. Außerdem wird der Globalisierungsprozess von Konsumenten

10 angetrieben, die sich nicht mehr mit einheimischen Produkten zufriedengeben, sondern die Produktvielfalt auf dem internationalen Markt nutzen wollen (vgl. Eggert u.a. 2005, S.529). Politisch betrachtet lassen sich das Ende des Kalten Krieges und der Niedergang des Sozialismus als Faktoren für die Globalisierung erkennen. Dieser Abbau der politischen Spannungen führte zu einer Stärkung der internationalen Handelsbeziehungen. Durch neue Wachstumszentren wie

15 z.B. China sind neue Wettbewerber auf den Weltmarkt getreten, die die Konkurrenz beleben. Die Länder des ehemaligen Ostblocks haben zwischen 1989 – 1991 ihre politischen Rahmenbedingungen grundlegend erneuert und auf diese Weise ihren Markt für Menschen, Güter, Dienstleistungen und Kapitale eröffnet. (vgl. ebd., S.529). Durch die technologischen Errungenschaften ist eine Globalisierung kaum wegzudenken. So werden Transaktionskosten

20 durch „Verkehrs- und Kommunikationstechnologien" gesenkt, was die Unternehmen dazu verleitet, innerhalb eines geringen Zeitraums an unterschiedlichsten Orten der Welt in verschiedenen Projekten mitzuwirken. Man erkennt, dass die neuen Technologien Grundlage für die Globalisierung sind. Ansonsten lassen sich auch im soziokulturellen Bereich Ursachen feststellen. Eine wachsende Gleichstellung von Lebensstilen, Normen und Werten, welche durch

25 globale Produkte, die weltweit in den Medien präsentiert werden und die steigende Mobilität der Menschen, führen zu Verschmelzungen in der Bevölkerung. Generell ist zu sagen, dass man Ursachen und Auswirkungen in dem Prozess der Globalisierung nicht gut auseinanderhalten kann (vgl. ebd., S.529), da es sich meist um „Ursache-Folge-Ketten" handelt, die stark ineinander übergehen (vgl. Groll 2011, S.105).

## 30 2.2 Die Herausforderungen

Die Globalisierung beinhaltet den globalen Wandel, der sich besonders im Bereich der Umwelt wiederfindet. Erstmals ist allein der Mensch für die Umweltproblematiken zuständig. Die

2

veränderte Umwelt wird vor allem durch die Klimaerwärmung, Zerstörung von Böden, Rückgang der Artenvielfalt, sowie Wasserknappheit und Wasserverschmutzung gekennzeichnet. Des Weiteren wächst die Weltbevölkerung und neue Gesundheitsrisiken bedrohen die Welt (vgl. Mertz 2006, S.38). Allgemeines Ziel ist ein Zugang von Nahrungsmitteln und Trinkwasser für
5  möglichst viele Menschen, um deren Lebensgrundlage gewährleisten zu können. Außerdem ist eines der größten Ziele das nachhaltige Handeln und eine Politik, die dem globalen Klimawandel entgegen geht (vgl. Groll 2011, S.107). Ähnlich wie zu Zeiten der Industrialisierung erkennt man Migrationsströme aus Entwicklungsländern in reichere Staaten. Der Grund sind globale Wirtschaftskrisen, die auch in den armen Ländern der Welt die Armut erhöhen. Obwohl der
10 Wohlstand einzelner Staaten durch den Welthandel gewährleistet wird, führt dieser meistens zu einem verlangsamten Wachstum in Entwicklungsländern, Hungerkrisen und auch zu, von den Transportbewegungen (z.B. Zug, Flugzeug, Auto), überforderten Umweltsystemen und so zu Umweltkrisen (vgl. ebd., S.105). Gerade diese globalen Klimakrisen können nicht von einzelnen Staaten überwunden werden. Aus diesem Grund wird eine internationale, gemeinsame Politik
15 immer entscheidender. Eine Rahmensetzung der internationalen Ordnungspolitik für die Globalisierung soll so zum Beispiel „soziale und umweltpolitische Anreize für nachhaltiges Handeln setzen". Die Frage nach der Steuerungsfähigkeit der einzelnen Staaten wird stark diskutiert: Verursacht die Globalisierung eine Handlungsunfähigkeit oder fördert sie viel mehr einen Wachstum der Staatstätigkeit[1]? (ebd., S.106). Ferner gibt es noch viele weitere
20 Herausforderungen im Rahmen der Globalisierung, z.B. eine gemeinsame Welt-Gesundheitspolitik oder der technologische Wandel und seine Folgen (vgl. Abb.1).


# 3 Klimakrise

Der Klimawandel bedroht die Erde. Er bedroht die zukünftige Bewohnbarkeit der Erde und verursacht eine steigende Erwärmung unserer Welt. Neben den Auswirkungen, die man schon
25 erkennt, wie steigende Meeresspiegel und Wüstenbildungen, stellt sich die Frage, wie weit die Klimakrise noch gehen kann. Die Klimakrise ist nicht nur verantwortlich für die Umwelt-faktoren, die sich immer mehr verändern, sondern auch für einen Zweifel an den Regierungs-formen der Demokratie und des Kapitalismus, welche diese Veränderung scheinbar nicht mit der nötigen Angst und Gefahrenerkennung entgegen gehen (vgl. Al Gore 2009, S.303). Das Problem
30 an der Klimakrise ist, dass man solche Gefahren nicht kennt und aus diesem Grund den globalen

---

1Vergleichen Sie dazu Effizienzhypothese/ Kompensationshypothese (vgl. Goll 2011, S.106).

Wandel als weit entfernte Bedrohung betrachtet, die einen selbst nicht betreffen wird. Auf bekannte Gefahren kann der Mensch schneller reagieren als auf eine Klimakrise, mit der er noch keine negativen Erfahrungen gemacht hat (vgl. ebd., S.304). Doch der Klimawandel ist da. Die weltweite Zunahme an klimatischen Extremereignissen ist im vollen Gange und bringt viele
5 Herausforderungen mit sich. Weltweit verändert sich das Wettermuster; Starkniederschläge bedrohen den einen Teil der Welt, während auf der anderen Seite Hitzewellen zu Dürren führen. Überschwemmungen und Stürme bedrohen Menschen, Tiere und Pflanzen. Die Erderwärmung führt zu einem Abschmelzen der polaren Gletscher, wodurch der Anstieg des Meeresspiegel unmittelbare Auswirkungen auf alle Küstenregionen und Inseln hat (vgl. Schinke u.A. 2011,
10 S.5). Durch die Verbrennung fossiler Brennstoffe, Waldrodungen und Bodenerosionen entsteht eines der wesentlichen Treibhausgase: $CO_2$. Neben Kohlenstoffdioxid sind Methan und Lachgas zwei weitere wichtige Gase, die den Klimawandel beschleunigen. Durch Reisanbau, Viehhaltung und der Verbrennung von Biomasse wird Methan in die Atmosphäre freigelassen. Lachgas wird ebenfalls bei der Verbrennung von Biomasse und fossiler Brennstoffe produziert. Ohne eine
15 Reduktion der Gase und eine Verhaltensänderung der Menschen ist es kaum möglich, gegen den Klimawandel anzugehen (vgl. ebd., S.21).

# 4 China – Allgemein

China ist nach Kanada und Russland das flächenmäßig drittgrößte Land der Erde. Mit rund 9,6 Mio. km² macht es etwa 6,4% der festen Erdoberfläche aus. In der Nord-Süd-Ausdehnung
20 erstreckt sich das Land über 5500 km, von Ost nach West misst das Land etwa 4500 km. Diese riesige Ausdehnung ist auch für eine sehr vielfältige Raumstruktur und Gegensätze verantwortlich (vgl. Taube/Schmidkonz 2010, S.14). Aus diesem Grund ist China einer großen klimatischen Vielfalt ausgesetzt: Während im Nordosten (Mandschurei) eher Winterkälte herrscht, ist es in Zentralasien eher wüstenhaft. Im Südosten befindet man sich in den heiß
25 feuchten Randtropen (vgl. ebd., S.22). Mit über 1,3 Milliarden Menschen besitzt China die zahlreichste Bevölkerung der Erde (vgl. ebd., S.44). Insgesamt macht das Land etwa ein Fünftel der Weltbevölkerung aus. Diese sind jedoch nicht über ganz China verteilt sondern befinden sich zu einem sehr großen Teil in den ostchinesischen Provinzen. Chinas Minderheiten leben meist im restlichen Westchina, wo die Lebensbedingungen aufgrund von ausgedehnten Wüsten und
30 Gebirgen ungünstig sind (vgl. ebd. S.46). Die etwa 55 chinesischen Minderheiten wie u.a.

Mongolen, Tibeter oder Uiguren haben eine eher schlechte Beziehung zu den Han-Chinesen, also zu der Bevölkerungsmehrheit, da es in den vergangen Jahrhunderten häufig zu Verdrängung und Kulturrevolutionen gekommen ist (vgl. ebd., S.48). Laut Artikel 1 der chinesischen Verfassung, die am 14.03.2004 vom Volkskongress verabschiedet wurde, „ist die Volksrepublik China ein sozialistischer Staat unter der demokratischen Diktatur des Volkes". Stärkste und weltweit mitgliederreichste Partei ist die „Kommunistische Partei Chinas" kurz KPCh, die das Führungsmonopol darstellt (vgl. ebd., S.120). Zudem ist China Heimat vieler verschiedener Religionen, wobei die chinesischen Religionen, wie der Daoismus, Konfuzianismus und der Buddhismus, die wichtigsten Religionen sind. Neben ihnen gibt es geringere Anteile an Christen und Moslems, sowie weitere kleinere Gruppierungen (vgl. ebd., S.196).

## 4.1 Die Globalisierung in China

China geht aus der Globalisierung als eines der erfolgreichsten Ländern hervor. So hat China die Chance genutzt und durch eine staatlich gesteuerte Marktwirtschaft den Aufstieg zum Schwellenland gesichert (vgl. Meyns 2009, S.11). Des Weiteren rangen Deutschland und China um den Titel des „Exportweltmeisters". Aber auch Güter, welche für ausländische Unternehmen von starker Bedeutung sind, werden für China immer wichtiger. Durch Billigpreise drängt sich China in den amerikanischen und europäischen Markt und durch den Aufkauf von bankrotten Firmen sichert sich das Land Marktpositionen. Für ausländische Unternehmen wird China eine zunehmende Konkurrenz, aber auch ein guter Standort für die Produktion der Güter, da China als billig und qualitativ gilt. Dies kann man an zunehmenden Luxusmarken und Herstellern für Handys und Klamotten erkennen, die in die aufsteigende Weltmacht investieren (vgl. Fuchs o.J., o.S.). „Made in China" Produkte sind überall auf der Welt ein wesentlicher Teil des alltäglichen Lebens geworden. So ist China ein aktiver Gestalter der politischen, gesellschaftlichen und ökonomischen Strukturen in der globalen Welt geworden. Ferner werden internationale Arbeitsplätze durch die konjunkturellen Prozesse in ihrer Sicherheit bestimmt (vgl. Taube/Schmidkonz 2010, S.7). Der Globalisierungsprozess in China ist noch lange nicht am Ende, so sagen viele Experten, dass das Land in den nächsten Jahrzehnten eine noch wichtigere Rolle innerhalb der Weltwirtschaft einnimmt. Des Weiteren wird eine Vergrößerung des Wirtschaftswachstums mit dem Faktor zehn bis 2050 vorausgesagt. Doch diese Vorhersage ist nur eine „recht vorsichtige Schätzung", da Chinas Wachstum in den letzten drei Jahrzehnten sich nicht nur verdoppelt, sondern noch stärker gewachsen ist (vgl. Stern 2009, S.225). Die chinesische Industrialisierung führte zu einer Verdopplung des Primärenergieverbrauchs zwischen 2000 – 2007, die mit einer Verdopplung der $CO_2$- Emissionen im selben Zeitraum und einer Erhöhung der erneuerbaren Energieeffizienz einherging (vgl. Rest 2011, S.133). Der Wandel einer eher agrarischen Gesellschaft zu einer industriellen und städtischen Welt verläuft in China in gewaltigen Schritten. Der wirtschaftliche Aufschwung Chinas fördert eine rasche Verstädterung, sodass es mehr als 250 Großstädte mit einer Bevölkerungszahl von 500 000

5   Einwohnern gibt, die insgesamt über 600 Millionen Menschen ihr zu Hause bieten (vgl. Taube/Schmidkonz 2010, S.56). Jedoch ist grundsätzlich zu sagen, dass man sich nicht aussuchen kann wo man leben will. Aus diesem Grund gibt es über 150 Milllionen „Wanderarbeiter", die ihr zu Hause für einige Zeit verlassen, um in den Großstädten als Arbeiter ihr Geld zu verdienen (vgl. ebd., S.46), welche bei der Städteplanung nicht beachtet werden und

10  aus diesem Grund eine Herausforderung in der Infrastrukturentwicklung sind (vgl. ebd., S.56). Zudem erkennt man eine deutliche Spaltung in der Gesellschaft zwischen wirtschaftlichen Bewohnern. In der Küstenregion und den Großstädten gibt es einen erhöhten Wirtschaftswachstum, während im weiten Hinterland eine starke Armut herrscht. Durch den Unterschied zwischen den einzelnen Sektoren, besonders dem Primär- und dem Tertiärsektor,

15  steigt die Schere zwischen Armut und Wohlstand stetig an. In der chinesischen Gesamtwirtschaft sind knapp 40% aus dem Dienstleistungssektor die Grundlage, während die Landwirtschaft nur noch 12% ausmacht (vgl. ebd., S.130).

## 4.2 Chinas Umwelt

Wie erläutert ist die Globalisierung ein wesentlicher Beeinflusser des Klimawandels und der

20  Umwelt. Durch die zunehmende Rolle Chinas innerhalb dieses Gebiets leiden auch die Ökosysteme. Gerade durch diesen „Wirtschaftswachstum leidet fast jede größere Stadt unter Luftverschmutzungen, Umweltunfälle und damit verbundene Verseuchung von Luft, Wasser und Ackerland sind an der Tagesordnung [...]" (vgl. ebd, S.32). Als Beleg dafür haben unabhängige Studien bewiesen, dass China den größten $CO_2$-Ausstoß besitzt. Die Luftverschmutzung führt zu

25  einem deutlichen Anstieg an Erkrankungen der Atemwege und zu einer Vielzahl an Todesfällen, die auf diese Problematik zurückzuführen sind (vgl. Sternfeld 2011, o.S.). Deutlich wurde die hohe Luftverschmutzung in den Tagen der Olympischen Spiele 2008. Das temporäre Ausschalten von Fabriken und Fahrverbote hatten direkte Auswirkungen auf die Luftqualität in Peking. So gab es durchschnittlich mehr Tage von guter Luftqualität als sonst an irgendwelchen Tagen.

30  Obwohl sich die Zusammensetzung der Luftqualität durch eine Abnahme von Kohle verursachter Luftverschmutzung verändert haben sollte, ist durch die gleichzeitige Zunahme der Luftverschmutzung durch Autoverkehr keine Verbesserung der Luftqualität zu sehen. Verdeutlicht wird hier, dass die Umwelt sehr abhängig von der chinesischen Wirtschaft ist.

Sobald es zu einem Stillstand gekommen ist, wenn auch nur kurz, kann sich das ökologische System für ein paar Tage regenerieren (vgl. Taube/Schmidkonz 2010, S.32). Dazu kommt, dass 16 von 20 Orte mit der schlechtesten Luft der Welt in China liegen (vgl. Eberl 2011, S.156). Eine weitere starke Bedrohung ist die Rußbildung. Durch die Verbrennung von Holz und Stückkohle,

5 die besonders von Privathaushalten zum Heizen benutzt werden, sammeln sich bis zu 20% Ruß in der Atmosphäre. Zwischen den Monsunen[2] lagern sich die braunen Rußwolken über der Himalajaregion auf den Gletschern ab. Durch die dunkle Oberfläche wird das Sonnenlicht nicht mehr reflektiert, sondern absorbiert, was das Abschmelzen der Gletscher beschleunigt. Ohne eine Veränderung hinsichtlich des Rußes wird davon ausgegangen, dass bis 2020 zahlreiche Gletscher

10 im Himalaja verschwunden sein werden (vgl. Al Gore 2009, S.42). Weiterhin ist eines der größten Probleme der ungleiche Wasserhaushalt. Während im Süden verhältnismäßig viel Wasser zur Verfügung steht (2200 Kubikmeter pro Jahr/ Chinesen), entwickelt sich im Norden eine wasserarme Region (paar Hundert Kubikmeter pro Jahr/ Chinesen). Besonders dieses Gebiet ist von einer starken Wüstenbildung bedroht. Problematischerweise hat der wirtschaftliche

15 Aufschwung Chinas auch die Wasserverfügung im Süden eingeschränkt. An den Flüssen und Gewässern siedeln sich zahlreiche Unternehmen und Fabriken an, die ihre Abwässer und Verunreinigungen ungefiltert in das Wasser ablassen. Dadurch wird das Wasser für Menschen ungeeignet (vgl. Stern 2009, S.34). Zur Verdeutlichung:

> 70 % aller Flüsse und Seen sind verschmutzt, 20% der Trinkwasserressourcen erreichen nicht die
20 nationalen Qualitätsstandards. […] 300 Millionen Menschen in den ländlichen Gebieten [haben] keinen Zugang zu sauberem Trinkwasser (ebd. S.37).

Häufig vorkommender saurer Regen[3] erleichtert diese Situation nicht. Dieser ver-ursacht ein Waldsterben und ist verantwortlich für Schäden in der Natur, der Umwelt und an Gebäuden. Insgesamt schätzt die chinesische Regierung, dass jährlich knapp 400.000 Todesfälle auf

25 Umweltverschmutzungen zurückzuführen sind (vgl. Eberl 2011, S.156). China betreibt Aufforstung und keine Entwaldung (vgl. Stern 2009, S.226). China hat zweieinhalbmal so viele Bäume eingepflanzt, wie alle anderen Länder zusammen und außerdem ein Drittel mehr Bäume angebaut als in Brasilien jährlich geforstet werden. China ist also führende Aufforstungskraft, was der Staat durch Maßnahmen wie der Regelung, man müsse ab dem 11. Lebensjahr drei

30 Bäume einpflanzen, unterstützt (vgl. Al Gore 2009, S.193).

---

2 Monsun: beständig wehender, halbjährlich die Richtung wechselnder Wind besonders Süd- und Ostasiens
3 saurer Regen: Niederschlag von Regen dessen pH-Wert geringer ist als der bei reinem Wasser, pH-Wert ist kleiner oder gleich 5,5 (vgl. Al Gore 2009, S.344).

# 5 Energiepolitik

Die Energiepolitik ist ein zunehmender Aspekt der internationalen und nationalen Politik (vgl. Goll 2011, S.119). Zwei sehr große Schwierigkeiten in China sind die Energieversorgung und die chinesische Energiepolitik. Grundlegend ist zu sagen, dass China der größte Energieverbraucher
5  der Welt ist und der Verbrauch stetig steigt. Aus diesem Grund ist die Energieversorgung der chinesischen Bevölkerung von größter Bedeutung. Doch leider gibt es viele verschiedene Akteure, was zu einer unklaren Aufgabenverteilung führt und einen Interessenkonflikt zwischen der Wirtschaft und der Politik, wodurch die Energiepolitik zu einer wesentlichen Beschwernis wird (vgl. Baumgartner/Godehardt 2012, S.1). Zahlreiche Stromausfälle in urbanen Ballungs-
10 gebieten und steigende Kosten für Energie weisen auf die Defizite in der Energieversorgung hin. Diese führen nicht nur zu einer schlechten Stimmung in der Bevölkerung, sondern auch zu einer Gefährdung des Wirschaftswachstums und einen zunehmenden Druck auf chinesische Energieakteure, wie z.B. auf die Regierung (vgl. ebd., S.2). 2011 hat das Land bereits begonnen, in abgelegenen Regionen den Elektrizitätszugang zu verbessern, was besonders den Westen
15 Chinas wie die Provinzen Tibet, Sichuan und Xinjiang betrifft (vgl. ebd., S.3). Dass eine Wirtschaft nicht auf dem Verfall der natürlichen Ressourcen und der Umwelt aufbauen kann, machte H.E. Zhu Rongji (Minister-präsident in China 1998 – 2003) schon am 03.09.2002 bei einer Rede auf dem Weltgipfeltreffen der nachhaltigen Entwicklung deutlich. Folgendes Zitat stammt aus dieser Rede:

20     Without economic growth, there would be no material basis for a better life or better
       environment for the people. But economic growth must not be achieved at the cost of
       environment or resource. In the abscence of proper resource and environmental protection,
       there could be no sustainable economic development.

Dieses Zitat beweist, dass China sich schon früh mit der Energiepolitk auseinandergesetzt hat, es
25 jedoch auf Grund der Unklarheiten in der Rollen– und Aufgabenverteilung zu Defiziten gekommen ist. Des Weiteren wird dieser Willen der Veränderung auch im 12. Fünfjahresplan (2011 – 2015) verdeutlicht. So soll zum Beispiel die Qualität von Gewässern und der Luft verbessert werden, die aufgrund von einem starken $CO_2$ – Ausschuss und weiteren Treibgasen stark verschmutzt sind (vgl. Abb.2). Besondere Verbraucher der Energie in China sind die
30 Industrien (z.B. Aluminium, Chemie, Stahl und Zement). Während die Industrie in Deutschland nur 35% des Energieverbrauchs aufweist, liegt der Wert in China mit 70% doppelt so hoch (vgl. ebd, S.2). Zur Deckung dieses steigenden Energiebedarfs wird sowohl auf erneuerbare Energien

als auch auf fossile Brennstoffe gesetzt. Als eines der wenigen Länder wird außerdem auf eine Erweiterung der Atomstromkapazität gesetzt. Die Hälfte aller Atomreaktoren, deren Konstruktionen seit 2004 begonnen haben, befinden sich in China und ein Ende ist nicht in Sicht, da bis 2020 die Atomstromkapazitäten auf 112 GW steigen sollen, was im Vergleich zu knapp elf

5 GW[4] (2010) eine Verzehnfachung bedeutet (vgl. Rest 2011, S.133). Weitere Maßnahmen Chinas waren die Einführung einer Exportsteuer auf energieintensive Produkte, die einer CO2-Steuer von knapp 40$ pro Tonne entspricht und eine Emissionsbegrenzung für Fahrzeuge, die das Importieren der meisten US-Autos verhindert hat (vgl. Stern 2009, S.224).

## 5.1 Kohleenergie

10 Kohle ist ein wesentlicher Bestandteil der Energieversorgung und brachte die Industrien und Länder in der Entwicklung einen wesentlichen Schritt nach vorne. Sie ist eines der wichtigsten Energierohstoffe der Welt und auf der anderen Seite auch eine der dominantesten Verursacher von Kohlenstoffdioxid und Schwefeldioxid. Der wirtschaftliche Aufstieg Chinas basiert vor allem auf der Kohlenenergie und so ist es nicht verwunderlich, dass das Land der größte Kohle-

15 produzent ist (vgl. Baumgartner/Godehardt 2012, S.2). Die chinesischen Bergwerke sind rund um die Uhr am laufen und versorgen die Bevölkerung mit dem ständig wachsenden Bedarf an Energie (vgl. Preuss 2012, S.62). Ein Ende des Kohleabbaus ist nicht zu erkennen. Das Land wird wohl in den nächsten Jahrzehnten weiterhin zu 70 – 80% stark auf Kohle zurückgreifen, denn die notwendigen Kraftwerke lassen sich schnell bauen und Kohle ist kostengünstig (vgl.

20 Stern 2009, S.62). Außerdem ist sie nachweislich der einzige Rohstoff, der in einer so großen Anzahl vorhanden ist, dass mit dem prognostizierten Anstieg der Energienachfrage in den nächsten Jahrzehnten die Energieversorgung gewährleistet werden kann (vgl. Sternfeld 2011, o.S.). Die Intensität der Kohleproduktion stieg bis 2011 auf 95 Mio. Tonnen. Insgesamt bauten 14 große Kohleproduktionsanlagen über 3,2 Mrd. Tonnen Kohle ab. Außerdem ist die

25 Notwendigkeit von Kohle in der Stromherstellung Chinas gewachsen (vgl. Baumgartner/Godehardt 2012, S.3). Verglichen mit dem weltweiten Durchschnitt, der zu etwa 40% von Kohle abhängig ist, beträgt der Bedarf an Kohle in China mit 70% deutliche 30% mehr (vgl. Taube/Schmidkonz 2010, S.142). China hat mithilfe von westlichen Unternehmen seine Kohlekraftwerke so weit ausgebaut, dass diese deutlich über dem Durchschnitt Energie liefern.

30 Im weltweiten Durchschnitt wird aus der Energie in der Kohle etwa 30% in Strom verwandelt. In China wird dagegen eineinhalbmal mehr Strom geliefert und in den besten Kohlekraftwerken 45% Strom gewonnen (vgl. Eberl 2011, S.63). Hinzufügend ist zu sagen, dass die Kohle-

---

4 Gigawatt – eine Milliarde Watt

produktion nicht nur Folgen für die Umwelt hat, sondern auch viele Arbeiter beim Abbau der Kohle in Kohleminen mit ihrem Leben bezahlen. Die Arbeitsbedingungen sind in den chinesischen Kohleminen aufgrund miserabler Sicherheitsvorkehrungen schlecht (vgl. Preuss 2012, S.63). Laut Regierung sterben pro einer Million Tonnen geförderter Kohle zwei Menschen (Stand 2006). Dies entspricht einem Verlust von 4746 Menschenleben pro Jahr (Taube/Schmidkonz 2010, S.30). Auch wenn dies eine sehr große Zahl an Menschenleben ist, ist die Dunkelziffer wahrscheinlich noch sehr viel höher, da kleine Betriebe ihre Daten nicht an die Öffentlichkeit durchsickern lassen. Verschiedene unabhängige Organisationen gehen daher von etwa 20000 Todesfällen jährlich aus (vgl. ebd., S.30).

## 5.2 Rolle der Ölkonzerne

Ein wesentlicher Energielieferant neben der Kohle ist das Öl. Die drei dominantesten Öllieferanten China National Petroleum Corporation (CNPC), Sinopec und die China National Offshore Oil Corporation (CNOOC), sind wesentliche Akteure neben den staatlichen Institutionen. Diese National Oil Companies kurz genannt NOCs werden häufig mit der chinesischen Führung gleichgesetzt und durch die starken Aktivitäten im Ausland wird ein energiepolitisches Bild geprägt (vgl. Baumgartner/Godehardt 2012, S.2). Bei diesen Konzernen handelt es sich um staatliche Ölkonzerne, die aus den Vorgängerinstitutionen des ehemaligen Energieministeriums in den 1980er hervorgegangen sind. Sie sind zwar personell und institutionell noch mit der KPCh und dem Staat verbunden, werden in ihrer Zielsetzung jedoch immer unabhängiger. Aus diesem Grund wird die Energiepolitik Chinas zunehmend von der Geschäftspolitik der Ölkonzerne abhängig (vgl. ebd., S.5). Um trotzdem als Staat Einfluss nehmen zu können, gibt es u.a. die Kaderpolitik, in der die KPCh die Managementposten der Ölkonzerne bestimmt. Des Weiteren sind die NOCs auf die Staatsfinanzen angewiesen. Kredite sind oftmals entscheidend für wichtige Auslandsinvestitionen, weshalb der wirtschaftliche Einfluss sehr hoch ist. Ihre Staatsunabhängigkeit spiegelt sich deutlich bei „Verfahren zur Preisregulierung, beim Bau von Pipelines […] oder im Rahmen der Energieaußenpolitik" wider (ebd., S.5). Ihre erzielten Gewinne tragen einen wesentlichen Teil zum Wirtschaftswachstum und dem westlichen Bild Chinas bei. Doch größter und wesentlicher Faktor der NOCs ist ihre Auslandsorientierung: Sie sind im Besitz internationaler Investoren, Tochterunternehmen sind an der Börse in Hong Kong oder New York tätig, Mitarbeiter und Direktoren sind weisen Erfahrungen mit dem Ausland auf und haben hier meist ihr Studium absolviert. Allgemein handelt es sich bei den NOCs um international ausgerichtetete Konzerne, die im Wettbewerb mit Unternehmen wie ExxonMobil, Shell und BP stehen. Ihre Ziele sind nicht kompatibel mit den

energiepolitischen Zielen der Volksrepublik China. (ebd., S.2). Zwischen 2000 und 2007 hat sich der Erdöl – und Erdölproduktimport verdoppelt. Außerdem wird prognostiziert, dass China rund 57% des internationalen Anstiegs der Erdölnachfrage bis 2035 ausmacht. Durch die „Öl-Diplomatie" reagiert der Staat China auf den steigenden Öl-Bedarf, indem sie staatliche und
5 halbstaatliche Unternehmen durch Langzeitverträge unterstützt (vgl. Rest 2011, S.133).

## 5.3 Zielsetzung bis 2015

Am 16. März 2011 wurde der 12. Fünfjahresplan für den Zeitraum 2011 – 2015 von China verabschiedet. Das Konzept fasst die Zielsetzung zu einer wirtschaftlichen und sozialen Entwicklung zusammen (vgl. Kubach 2011, S.2). Das jährliche durchschnittliche Wirtschafts-
10 wachstum soll bis 2015 um 7% steigen. Neben diesem Leitziel gibt es weitere Pflichtziele inner-halb des Ressourcen- und Umweltabteils. Der Energieverbrauch pro BIP soll um 16% reduziert werden, $CO_2$-Emissionen sollen pro BIP um 17% reduziert werden und die Nichtfossile Brennstoffe sollen im primären Energieverbrauch auf 11,4% steigen (vgl. Abb.2). Außerdem soll es industrielle Emissionsgrenzen für den Schadtstoffaussoß geben und eine Reform im
15 Energiepreissystem. Im Energiemix[5] soll es eine Kohlereduzierung von 70% (2010) auf 63% geben. Währenddessen soll der Anteil im Energiemix an Gas und Kernkraft von 4% auf 8% bzw. von 1,2% auf 3% steigen. Die Kohleproduktion soll auf 3,8 Mrd. Tonnen pro Jahr steigen. Außerdem soll die Raffineriekapazität von 500 auf 800 Mill. Tonnen Öl pro Jahr gesteigert und Pipeline-Netze auf 140000km ausgebaut werden. Weiterhin ist Chinas Ziel eine
20 Gaseigenproduktion von 170 Mrd. m³ und 90 Mrd. m³ für Importe, sowie eine Steigerung der Kernkraft bis 2015 auf 50 GW (vgl. Abb.3). Weitere Punkte des 12. Fünfjahresplans sind eine nachhaltige Nutzung der nationaler Energieressourcen, eine „konsequente Umsetzung von Umweltschutzbestimmungen und eine Förderung der sauberen und effizienten Energiewirtschaft" (Kubach 2011, S.4). Außerdem wird eine Verstärkung Aus – und Umbaus des
25 Energieversorgungssystems angestrebt. Neben Kohlekraftwerken sollen weiterhin auch Wasser- und Windkraftwerke ausgedehnt und das Hochspannungsstromnetz auf insgesamt 200000km ausgebaut werden (vgl. ebd., S.4).

---

5 Kohlemix: Kombination aus verschiedenen Primärenergien. Abhängigkeit von einer Energiequelle wird verhindert.

# 6 Erneuerbare Energie

Aus Windkraft, Solaranlagen, Biomasse oder Erdwärme kann Energie gewonnen werden ohne ein Ende der Energiequellen befürchten zu müssen. Diese erneuerbaren Energien sind Technologien wie Windkraft, Solaranlagen, Biomasse aus Pflanzen, Wasserkraftwerke und die
5 Erdwärmeversorgung. Theoretisch wären Kohle, Öl und Erdgas auch erneuerbare Energien, jedoch hat der Mensch innerhalb einer sehr kurzen Zeit große Vorräte verbraucht. Diese Energien benötigen Millionen von Jahren, um für den Menschen von Nutzen zu werden. Bevor diese Energiequellen sich wieder regeneriert haben, also in ein paar Millionen Jahren, wird davon ausgegangen, dass die Zeit der Menschheit schon vorbei ist (vgl. Preuss 2012, S.71). Das
10 Sonnenlicht, welches tagtäglich auf die Erde fällt, enthält mehrere tausendmal die Energie, die die Menschheit eigentlich benötigt. Mit den richtigen Systemen und einer anderen Organisations-struktur könnte man auf eine intelligente Art und Weise Energie gewinnen. Erneuerbare Energien sind schon seit der Existenz der Menschheit bekannt. In der Antike betrieben die Menschen Wasserkraftwerke und Windmühlen. Holz und Pflanzenreste wurden verbrannt, sowie Erdwärme
15 bei den Römern und Griechen zur Beheizung von Thermalbädern und Wohnhäusern genutzt wurde. (vgl. ebd., S.72). Da Wind nicht immer weht und die Sonne nicht immer scheint, muss die gewonnene Kraft aus diesen Werken gespeichert werden. Energiespeicher können so zum Beispiel Staubecken von speziellen Wasserkraftwerke, Druckluftspeicher oder auch große Batterien sein (vgl. ebd., S.73). Erneuerbare Energien sind auf der ganzen Welt in verschiedenen
20 Intensitäten vorhanden. Außerdem gibt es keine Begrenzung wie bei fossilen Brennstoffen und somit keine Abhängigkeit von Ländern und Rohstoffen. Die Nutzung von erneuerbaren Energien benötigt ein komplett neues Energiedenken und neue Energiestrukturen, da die Politik, Wirtschaft und Technik momentan noch primär auf fossile Rohstoffe wie Öl und Kohle fokussiert sind (vgl. Scheer 2010, S.41).

## 25 6.1 Erneuerbare Energien in China

In China findet ein großer Ausbau der erneuerbaren Energien statt. Das Land hat 2009 mehr Investitionen in die erneuerbaren Energien getätigt als irgendein anderer Staat. Seit 2001 fand eine jährliche Verdopplung der Windkraftkapazitäten statt, sodass das Land 2010 zu dem führenden Windkraftproduzenten aufgestiegen ist. Nachdem das Ziel von 30 GW bis 2020 schon
30 Ende 2010 mit 42 GW übertroffen wurde, wurde die Zielvorgabe auf 200 GW bis 2020 erhöht. Im Jahr 2010 installierte China mit 16,5 GW mehr als die Hälfte von neuen

Windkraftkapazitäten, die Deutschland insgesamt überhaupt besitzt (vgl. Rest 2011, S.137). Des Weiteren sollen 15 GW durch Offshore-Parks[6] bis 2015 entstehen (vgl. Abb.4). China strebt an, die erneuerbaren Energien soweit auszubauen, dass bis 2020 mindestens 21% der Stromversorgung und 17% des Endenergieverbrauchs auf Grundlage dieser Energien abgedeckt

5    sind. Gerade durch den großen Ausbau der Wasserkraftwerke kann dieses Ziel verfolgt werden (vgl. ebd., S.136). Als Produzent von einem Fünftel des weltweit aus Wasserkraft stammenden Stroms ist China führend in diesem Bereich. Trotzdem ist der Anteil von Wasserkraft bei der Stromerzeugung noch weit unter dem internationalen Durchschnitt. Bis 2020 sollen 430 GW erreicht werden, was einer „jährlichen Konstruktion von mehr als einem Drei-Schluchten-

10   Damm[7]" entspricht (ebd., S.137). Die Investitionen in diesen Energiesektor weisen nicht nur auf die energiepolitische Bedeutung dieser Energien hin, sondern auch auf die zunehmende industriepolitische Relevanz (vgl. ebd., S.137). Die Industriepolitik, die sich aus diesem Umschwung stabilisiert hat, hat auch zunehmende Bedeutung in der Globalisierung: Der Aufbau von Energieindustrien dieser Art sind auch darauf ausgelegt die internationale

15   Konkurrenzfähigkeit zu stärken und den Weltmarktanteil chinesischer Unternehmen zu erhöhen. So sind Unternehmen aus China nicht nur internationale Konstruktionsführer von Mega-Wasserkraftwerken, sondern auch mit einem 50% Anteil in der Weltproduktion von Solarzellen führende Hersteller geworden. Dabei werden die Solarzellen besonders exportiert, sodass beispielsweise 98% der chinesischen Solarzellen für den Export bestimmt waren (2008).

20   Erwartungsgemäß wird die Solarenergie jedoch auch für den Eigenbedarf Chinas eine zunehmende Rolle gewinnen (vgl. ebd., S.138). China hat allein 2007 über 12 Mrd. $ in erneuerbare Energien investiert und ist Mutterland einiger führenden Unternehmen in dieser Branche. Suntech Power Holdings ist ein Beispiel von einem Unternehmen, das über 5% der globalen Marktanteile bei der Solarenergie besitzt und weltweit an der Spitze der

25   „gebäudeintegrierten Solartechnikentwicklung" steht (vgl. Stern 2009, S.168). Im Bereich dieser erneuerbaren Energien entwickelt sich nicht nur eine gewandelte Energiepolitik, sondern auch eine Grundlage des „chinesischen Exportismus", welcher als Kernmerkmal des „marktliberalen, wettbewerbsgetriebenen Staatskapitalismus" gesehen werden kann. Chinesische Banken haben begonnen, kostengünstige Kreditbedingungen für Windkraftprojekte in Afrika bereitzustellen,

30   solange diese Projekte chinesische Windkraftturbinen und weitere chinesische Maschinenteile benutzen (vgl. Rest 2011, S.139). Weiterhin haben staatliche Vorgaben dafür gesorgt, dass die chinesischen Erneuerbare-Energien von der Finanzkrise 2008 – 2009 weniger hart getroffen

---

6   Offshore-Parks: Windparks, die an der Meeresküste errichtet werden, sie gewinnen international durch starke
    Winde an Bedeutung (vgl. Al Gore 2009, S.86).
7   Drei-Schluchten-Damm: Wasserkraftwerk 18,2 GW

werden als die Konkurrenz in Europa oder den USA (vgl. ebd., S.140).

## 6.2 China in der globalen Energiepolitik

Neben den USA hat insbesondere China einen wesentlichen Anteil an Summen für „kohlenstoffarme Technologien" abgegeben. Knapp 46,9 Mrd. Euro wurden in Stromnetze- und

5   die Schieneninfrastruktur gesteckt. Diese Reaktion der chinesischen Regierung untermauerte die führende Position Chinas innerhalb des Erneuerbare-Energien-Sektors während der Finanzkrise 2008-2009 (vgl. ebd., S.140). Die chinesische Politik hat nicht nur die chinesischen „erneuerbare Energien Unternehmen" gefördert, sondern auch eine globale Abschwächung der negativen Auswirkungen auf Erneuerbaren-Energien-Industrien hervorgerufen. Die Unterstützung hat nicht

10  nur das Ziel, eine Veränderung der kohlenstoffarmen Wirtschaft hervorzurufen, sondern auch eine Nachfrageerhöhung der Industrien zu gewährleisten. Es ist auffällig, dass trotz des chinesischen Ausbaus der Erneuerbaren-Energien-Kapazitäten und der stetigen Bemühung den Energieverbrauch zu verringern, das ökonomische Wachstum Chinas einen Anstieg der Emissionen nicht verhindern kann. Aus diesem Grund lehnt China eine Emissionsobergrenze ab

15  (vgl. ebd., S.141). In einem Abkommen mit Europa, den USA und weiteren Ländern, müsste jedes Land eine Emissionsobergrenze einhalten. Liegt der Emissionsverbrauch über der Grenze, müsste man ähnlich wie bei der Marktwirtschaft Lizenzen dazu kaufen (vgl. Stern 2009, S.198). Betrachtet man den steigenden ökonomischen Wachstum Chinas, wäre diese Obergrenze eine Belastung und eine Eingrenzung der Produktion vieler Güter. Wenn China bis 2050 etwa zwei

20  Tonnen Emissionenausstoß pro Kopf erreichen will, müssten sich die Gesamtemissionen mehr als halbieren, da momentan ein Ausstoß von knapp fünf Tonnen herrscht (vgl. ebd., S.225). Das wäre ein sehr radikaler Wandel und ökonomisch äußerst schwierig. Aus diesem Grund behält sich China vor, für sich selbst Obergrenzen zu legen. Vor dem UN-Klimagipfel in Kopenhagen veröffentlichte das Land das Ziel, die $CO_2$-Emissionen auf 40 – 45% pro Einheit BIP zu senken,

25  dies bis 2020. Für die globalen Verhältnisse wäre diese Reduktion von China ungenügend, da laut IEA[8]-Prognosen die $CO_2$-Emissionen bis 2035 um 54% ansteigen werden (vgl. Rest 2011, S.142). Während der Ausbau erneuerbaren Energien eine wesentliche Rolle in der chinesischen Energieversorgung spielt und auch in Zeiten der Globalisierung chinesische Unternehmen innerhalb dieses Sektors an Bedeutung gewinnen, lässt sich keine Ausrichtung auf die

30  klimapoltischen, internationalen Kriterien der notwendigen $CO_2$-Emissionsreduktion erkennen (vgl. ebd., S.142).

---

8   IEA: International Energy Agency

# 7 Fazit

Zusammengefasst lässt sich erkennen, dass sich China entgegen der Behauptungen, das Land würde keine Energiepolitik betreiben, die den Klimawandel vorbeugt, besonders stark im Sektor der erneuerbaren Energien etabliert hat. Das Land ist sich des Klimawandels bewusst und kriegt
5  diesen auch deutlich durch Wüstenbildungen, Dürren und Überschwemmungen im eigenen Land mit. China geht als ein wesentlicher wirtschaftlicher Gewinner aus der Globalisierung hervor und kann dies durch seine Erneuerbare-Energien-Industrien bekräftigen. Als eine der führenden Kräfte in dem Erneuerbaren-Energien-Sektor kristalisiert sich diese neue Plattform der Energiegewinnung als wichtiger Fortschritt für China heraus. Jedoch lässt sich die alte Politik
10 und Wirtschaft nicht einfach komplett erneuern. Durch die Kohlevorkommen, die direkt im Land vorhanden sind und durch die Ölunternehmen, die wesentliche Akteure in der chinesischen Energiepolitik sind und hier auf eine ungenaue Rollenverteilung treffen, ist eine Abwandlung dieser Rohstoffe zu einer reinen Energieproduktion eher unwahrscheinlich. Es lässt sich erkennen, dass China ebenfalls als deutlicher $CO_2$-Produzent hervorgeht, was sich in der Zukunft
15 durch die steigenden Wirtschaftswachstum kaum eindämmen lässt, selbst wenn China eine Reduktion vorsieht. Des Weiteren ist China in der Aufforstung führend und so erkennt man eine Spaltung in der chinesischen Politik zwischen den starken Emissionen, die sich in der Stadt durch Smogbildung und Luftverschmutzungen verdeutlichen und dem Versuch dieser Luftqualität durch das Anpflanzen vieler Bäume entgegenzuwirken. China setzt sich hohe Ziele
20 in den verschiedenen Fünfjahresplänen und ist sich bewusst, dass die Energieversorgung der Chinesen auf Dauer durch eine Veränderung gewährleistet werden muss. Grundlegend ist zu sagen, dass ohne Chinas Eindämmung der $CO_2$-Emissionen keine Möglichkeit besteht, dem Klimawandel effektiv entgegenzuwirken. Hier kann man erkennen, dass die glückliche Lage Chinas in der globalen Wirtschaft, seine Schattenseiten auf die Umwelt und das komplette Leben
25 der Menschen wirft.

# Anhang

*Abb. 1 Primäre Herausforderungen der Globalisierung*

Quelle: ( Goll 2011, S. 107 Abbildung).

| Plankategorie | Planziel | 11. FJP (Ziel für 2010) | 2010: Stand | 12. FJP (Ziel für 2015) | Zieltyp |
|---|---|---|---|---|---|
| Wirtschafts-wachstum | Jährliches durchschnittliches Wirtschaftswachstum in % | 7,5 | 11,2 | 7,0 | Leitziel |
| Ressourcen und Umwelt | Reduktion des Energieverbrauchs pro BIP-Einheit in % | 20,0 | 19,1 | 16,0 | Pflichtziel |
| | Reduktion der CO2-Emissionen pro BIP-Einheit in % | -- | -- | 17,0 | Pflichtziel |
| | Nichtfossile Brennstoffe in % des primären Energieverbrauchs in % | -- | 8,3 | 11,4 | Pflichtziel |

*Abb.2 Relevante Ziele im 12. Fünfjahresplan für die Energiepolitik*

Quelle: (Baumgartner/Godehardt 2012, S.3 Tabelle)

| Zielvorgaben für konventionelle Energieträger bis 2015 | | | |
|---|---|---|---|
| • Reduktion von Kohle- und Energieverbrauch | | | |
| • Industrielle Emissionsgrenzen für Schadstoffausstoß | | | |
| • Reform des Energiepreissystems | | | |
| **Kohle** | **Öl** | **Gas** | **Kernkraft** |
| • Reduzierung des Anteils am Energiemix von 70% (2010) auf 63%. <br> • Steigerung der Produktion von 3,2 auf 3,8 Mrd. Tonnen pro Jahr. | • Steigerung der Raffineriekapazität von 500 auf 800 Mill. Tonnen pro Jahr. <br> • Ausbau des Pipeline-Netzes auf 140.000 km. | • Steigerung des Anteils am Energiemix von 4% auf 8%. <br> • Eigenproduktion: 170 Mrd. m³; für Importe: 90 Mrd. m³. | • Steigerung des Anteils am E-nergiemix von 1,2% auf ca. 3%. <br> • Steigerung Stromproduktion von 11 GW auf 50 GW. |

*Abb. 3 Chinesische Zielvorgaben für konventionelle Energieträger bis 2015*

Quelle: (Kubach 2011, S.4 Abbildung)

| Zielvorgaben für erneuerbare Energien bis 2015 | | | |
|---|---|---|---|
| • Steigerung des Anteils erneuerbarer Energien am Energiemix von 8,3% auf 11,4% | | | |
| • Reform des Energiepreissystems | | | |
| **Wasser** | **Wind** | **Solar** | **Biomasse** |
| Gesamtanteil 75 % | Gesamtanteil 23 % | Gesamtanteil ~1% | Gesamtanteil <1% |
| • Ausweitung der Kapazität von 211 GW (2010) auf 331 GW (2015). | • Ausweitung der Kapazität von 35 auf 105 GW. <br> • 15 GW durch Offshore-Parks. | • Ausweitung der Kapazität von 0,6 auf 5 GW. | • 5,5 GW-Ziel des 11.FJP wurde nicht erreicht. <br> • Keine neue Zielvorgabe. |

*Abb. 4 Chinesische Zielvorgaben für erneuerbare Energien bis 2015*

Quelle: (Kubach 2011, S.5 Abbildung)

# Literaturverzeichnis

- Gore, Al(2009): Wir haben die Wahl. Ein Plan zur Lösung der Klimakrise. New York/München.

- Baumgartner, Daniel/ Godehardt, Nadine (2012): Chinas Energiepolitik und die Strategien der Nationalen Ölkonzerne. - In: GIGA Focus, 3, S.1-8. URL: http://www.giga-hamburg.de/de/system/files/publications/gf_asien_1203.pdf

- Eberl, Ulrich (2011): Zukunft 2050. Wie wir schon heute die Zukunft erfinden. Weinheim.

- Fuchs, Manuel (2014): Globalisierung in China. URL: http://www.globalisierung-fakten.de/globalisierung-informationen/laender/china/

- Goll, Thomas (2011): Abitur-Wissen Politik. Internationale Beziehungen, Hallbergmoos.

- Kaminski, Hans (2005): Ökonomie. Grundfragen wirtschaftlichen Handelns. 5. Auflage, Braunschweig.

- Kubach, Tim (2011): Chinas 12. Fünfjahrplan für 2011-2015: Prioritäten, Zielvorgaben, Projekte. URL: http://www.chinapolitik.de/resources/no_90.pdf

- Mertz, Torsten (2006): Schnellkurs Ökologie. Köln.

- Messner, Dirk (2009): Globalisierung und globaler Wandel. - In. Meyns, Peter: Handbuch eine Welt. Entwicklung im globalen Wandel. S.103 – 112.

- Meyns, Peter (2009): Einleitung. - In: Meyns, Peter: Handbuch eine Welt. Entwicklung im globalen Wandel. S.7 – 15.

- Preuss, Olaf (2012): Stromausfall. Reichen unsere Energie- und Rohquellen und wie können wir sie erneuern? Würzburg.

- Rest, Jonas (2011): Grüner Kapitalismus? Klimawandel, globale Staatenkonkurrenz und die Verhinderung der Energiewende. Wiesbaden.

- Rongji, Zhu (2002): Rede über die nachhaltige Entwicklung vor dem Weltgipfel. URL: http://www.china-un.ch/eng/qtzz/wtojjwt/t85656.htm

- Scheer, Hermann (2010): Der Energetische Imperativ. 100% jetzt: Wie der vollständige Wechsel zu erneuerbaren Energien zu realisieren ist.München.

- Schinke, Boris/ Harmeling, Sven/ Schwarz, Rixa/ Kreft, Sönke/ Treber, Manfred/ Bals, Christoph (2011): Globaler Klimawandel: Ursachen, Folgen, Handlungsmöglichkeiten. 3. Auflage, Bonn/Berlin. URL: https://germanwatch.org/de/download/1186.pdf

- Stern, Nicholas (2009): Der Global Deal. Wie wir dem Klimawandel begegnen und ein neues Zeitalter von Wachstum und Wohlstand schaffen. München.

- Sternfeld, Eva (2011): Ein Wirtschaftswunder gebaut auf Kohle - Herausforderungen für Chinas Energiesektor und den Klimaschutz. URL: http://denkstroeme.de/heft-6/s_205-221_sternfeld (o.S.).

- Taube,Markus/ Schmidkonz, Christian (2010): Meyers Atlas China. Auf dem Weg zur Weltmacht. Mannheim